新型コロナウイルスへの霊性と統合

並木良和

東京大学名誉教授
聞き手 矢作直樹

青林堂

【目次】

第四章　近現代の真実……75

第一章

新型コロナウイルスの発生

●新型コロナウイルスはどこから来たか？

矢作　今回のコロナ騒ぎなんですけど。長くなってたいへん恐縮ですが、アウトラインをお話させていただきます。

とうとう、米中戦争が最終段階に入って来て、アメリカの主導のもとカナダと共同で、新型のウィルスをつくったものと見ています。ウィニペグのカナダ国立微生物研究所の中に中華人民共和国（＊）の夫婦2人の研究者がいて、ウイルスを盗んできて、武漢病毒研究所（ウイルス研究所）でコウモリに入れて増殖させさせようとしました。

＊「中華人民共和国」の呼称について

「中国」という名称は古くからありましたが、それは漢民族の文化発祥の地である

CBCの社章

「中原（ちゅうげん）」、またそこから朝廷のある場所、といったような意味で使われ、国家を指す言葉ではありませんでした。

近代になり、辛亥革命以後、「中華民国」は、かつてモンゴル族の国（元）や女真族の国（清）の版図だった領域すべてが正当な自国領土だと主張しました。その後大陸を統一した「中国共産党（彼らの自称による略称：中共）」政権もその考えを引き継ぎました。

矢作は、彼らのチベット・東トルキスタン・内モンゴルの侵略併合を正当化する「中国＝シナとその周辺の諸地域からなる多民族国家」という呼称は用いず、彼らの〝国家〟を指す場合は正式名称の「中華人民共和国」を用います。

なお、CBCニュースは、去年の7月14日に「中華人民共和国の科学者Xiangguo

Qiuと夫のKeding Chengが規則違反を犯したために7月5日に強制退去させられた」と発表しました。この報道後ネットで広まった、「この科学者達が母国に持ち帰ってやがて新型コロナウイルス感染を起こした」という〝陰謀論〟をカナダ公衆衛生庁が否定した、とCBCは今年の1月27日に発表しました。

CBCニュースはその社章（万物を見通すプロビデンスの目を意匠としている）からわかるように、もともとフリーメーソンの作った会社です。今回の一連の仕掛けを当然知っていて、一部情報を出して手の内をちらっと見せ、世界に警告を発したわけです。

詳細は省きますが、ネット民（に偽装した人）たちのストーリーは的を得ていました。なお、敵を欺くには味方からということで米国でもちゃんと感染が広がっています（これは彼らお得意の真珠湾方式：日本軍の真珠湾攻撃の日を英国海軍からの連絡で事前に知っていたF・ルーズベルト大統領は、現地ハワイの陸海軍に情報を伝えず、日本が〝卑怯な奇襲攻撃〟を仕掛けたと言って国民を炊きつけ、念願の日米戦に参戦した)。

アメリカ・カナダのセキュリティーの厳しいこのような施設から外国人がウイルスを持ちだすという困難なことができたところにアメリカの意図を感じます。また、中華人民共和国の生物兵器になり得るものを扱うこの研究所は、実際にこのようなウイルスを増殖させることができる高いレベルにあります。もちろん最高のバイオセイフティーレベルであるＰ４です。ところが、研究所内で感染者(患者0号：王燕玲さん)をだしていまい、そこから海鮮卸売市場を含む複数のルートでウイルスが広がってたと見ています。

今年の1月24日の医学誌で、去年12月1日に発症した患者1号は、後の症例との疫学的に無関係と報告されています Chaolin Huang, et al.（Clinical features of patients infected with 2019 novel coronavirus in Wuhan, China. Lancet 2020; 395: 497-506)。この報告は、とても意義深いもので、12月より前にすでにひろがり始めていたことを客観的に示しています。この中華人民共和国での発症以後の新型コロナの感染伝播については公開されているゲノムデータを集めて分析しているオープンソース・プロジェクト"Nextstrain"（http://nextstrain.org/）が日々最新情報を公開しています。

この一連の出来事に一番驚いたのは習近平でしょう。

今回問題なのは、米中戦争の流れの中で日本は当然、アメリカの言う事を聞いてたとばかり思ってたんですよ。ところが自民党政権はアメリカ一辺倒じゃなくて、中国共産党政府（以下、中共（＊）政府）にもいい顔をしたかったということです。

＊中国共産党が唱える自党の略称。中華人民共和国は一般の国と異なり中国共産党が国家を優越している。現在、中華人民共和国は内部の統制が乱れつつある状況なので、話題の対象を明らかにするために場面により言葉を使い分ける。

矢作　今申し上げたように、去年の12月8日に例の武漢で保健機関が原因不明の最初の肺炎を公表したより前から広がってたわけですね。この発表と同時にこれが、やがてひどいことになるって予見できていたはずですけど、その頃習近平が安倍さんにそれを「まったく大したことがないふりをしてくれ」と頼んで、安倍さんも「わかった」と言って、2月13日から湖北省と浙江省を除き、最近まで渡航制限はありませんでした。そして、ようやく3月9日より中華人民共和国と大韓民国（以下韓国）からの旅行者が、感染チェックのために入国後指定された施設に2週間の隔離措置を受けることとなりました。

実際、新型コロナウイルス感染拡大後の春節初日の1月24日から1週間にわたって、北京の日本大使館のホームページは安倍総理の「訪日歓迎」の祝辞を掲載しました。一方1月31日、トランプ大統領はアメリカ入国前14日以内に中華人民共和国への渡航歴のある人を入国不可と発表しました（大統領令９９８４）。

ただし、今に至る途中でアメリカは再三再四「中共政府と手を切れ」っていうことを言っていたはずなんです。２月26日に大規模イベント２週間自粛、27日には小中高の休校要請を発表した。これはアメリカがとうとう怒って安倍総理にガンッ！ってやったみたいですね。今、自民党政府はアメリカ政府と中共政府の間で股裂きになっている、そういう状況ですね。

並木　何が最善なのかを模索する意図があっても、結果的に八方美人的ないいかっこしいになってしまっている節がありますよね、それは必ず何らかのバランスを取る必要性が出てきます。

矢作　要はアメリカに近い筋の友人の読みでもあるし、私の読みでもあるのですけど、安倍総理近いうちに辞めさせられるんじゃないかと。

並木　今年が７年目になるんですよね……であれば流れ的に４月が大きな節目にな

るはずです。ツケを払うみたいな形にならなければいいのですが……。

コウモリを売って食べちゃったって話しは別にしても、コウモリに付着させたっていうのは確かでしょう。媒体としてコウモリを使っている。とにかく、今回の一件において特筆すべきは、もちろん今までもあったことではありますが皆の認識の中で、ウイルスが自然に発生したものではなく、もしかしたら人工的なものなんじゃないだろうか……という憶測が出てきていることで、これまで以上に、皆が真実に気づき始めてきている、ということです。単なる都市伝説などではなく、真実なんだろうなって気付き始めている人も沢山いるわけです。

この動きって実はいいことなのです。

矢作　いいことですよね。皆が鋭くなって、嘘が隠せなくなっていくということです。

並木　そうです、そうです。今までは「そんなわけないじゃん」で終わっていたのが、今はそうではなく、真実かもしれないと、一旦受け入れ吟味してみようという在り方は、これから益々大切になってきますから。

矢作　今言った、大きな流れというのは、本当に理解した時に、日本政府がとるべき姿勢、八方美人を止めて中共政府から離れるということ。もう1つ国民から見ると重要なことは、今、中華人民共和国にずいぶん入れ込んでいる産業、これをいかにきれいに撤退するかということです。

もちろん、新型コロナウイルス感染を過度に恐れて経済・自分の生活を潰さないことは言うまでもありません。

並木　これは確かにその通りの部分もあって、今年に入ってすぐの講演会か何かのときに、日本がこれからどのような流れになっていくのか、という質問があって、そのときに近いうち、この2月にも、「日本がイエスかノーかを明確にしなければならない決断の時を迎えます」と「その時にノーと言えたら発展へと繋がり、イエスと言ってしまったら……」という話が上から伝えられたのです。何の事を云ってるのかな？　と思っていたんですが、ウィルスの件を含め、ここに繋がっていたのか……と。

そして「日本の今後……」と言ったとき、結局、安倍総理が、先程お話したツケを払うという形になってしまうんですよね。彼のせいというより、立場的にどうしてもそうなってしまいやすいんですよね。

矢作　ターニングポイントに来ているということを、我々は腹積もりしておかないといけないと思うのです。

並木　まさにその通りです、今僕たちは、大きなターニングポイントを迎えています。

第二章

ウイルスとの付き合い方

●ウイルスは不安や恐怖を吸収して増殖している

矢作　そこのとこの腹積もりですよね。一言で言えば、トランプさんのアメリカファーストじゃないけど、ジャパンファーストに切り替えて行かないといけない。それが1つ大きいなと思いました。あと、科学者。科学者のいい部分でもあり悪い部分でもあると思うんですけれど、得体の知れない部分に対して、恐怖感をあおるような物言いはいかがなものかと。おそらくコロナウイルスが元になっているから、どれだけ頑張ったところでリスクはゼロになりません。

今、罹患した人の致死率が中華人民共和国で3・7%（3月7日現在：以下同様）になっています。

なかなかこれから先の推移を予想するのは難しいし、中華人民共和国の疫学状況はあてはまらないかと思いますが、最悪のシナリオとして、日本人が湖北省と同じくらいの率（0・13％）でかかったところで、日本人の死亡率が今1・4％（治療中の人を含まず）なので、わずか2千3百人です。ここまできたら、なったときはなったときと腹をくくったらいかがでしょうか（笑）

並木　（苦笑）。まぁまぁ、数字だけを見た場合はですね。

矢作　自分の事は心配してもしかたない。死ぬときは死ぬんです。

並木　確かにそうですね。これは正にですが、何をしても死ぬときには死にます。

矢作　そこまで腹をくくれば、逆に広がるの、広がらないのって関係ないですね。

並木　今回のウイルスっていうのも、不安や恐怖を吸収することで増殖して、強くなっています。しかも、こうやって毎日メディアが煽るように伝えていますから。でも、これって、ある種の作戦なんですよ。1日中テレビで報道しているのと同時に、ウイルスの写真を常に見せつけているでしょう。

矢作　科学者が冷静に、論理的にわからないことはわからないと言うことが逆効果になっている面がありますね。

並木　そうです、そうです。科学者の先生が言っていることだし、正しい事になってしまいますよね。

矢作　自分も一応その業界にいたので、なかなか言いにくいのだけど。まあ本当は過度に心配しないでほしいと言いたいところです。

並木　今こそ、もういい加減目を醒まそう、自分軸に立ち返り冷静になろう、という意識が本当に大切になってきます。

例えば、それは違うって言われるかもしれませんが、最近よく言っている事なんですけど、毎年のようにインフルエンザが流行りますけど、インフルエンザが大流行する時って1000万人以上が患ってるんですよ。

矢作　一昨年シーズンは3千3百人が亡くなっています。

並木　そうした事実を鑑みたとき、何を今さら騒いでいるんですか？　っていう話になっちゃうわけですよ。

矢作　科学者の論理的思考が、逆に100%答を出していれば、それはそれで納得ができるんですけど、当然わからない事が多いので。

並木　未知の物に対する恐怖も大きいですよね。

矢作　そういう恐怖を煽ることになる。このウイルスとの闘いという視点では、亡くなった人の人生を思い遣ることの重要性が説かれています。しかし、もっと危ないのはこの不安の増幅により経済活動が委縮して多くの会社が倒産し、非正規社員が首をくくる、という事態に陥ることです。

並木　そうそう。深刻なことなのです、大変なことなのですよって。だからマスクを奪い合って、殴り合いにまで発展するんです。つまり、パニックになっちゃってるんですよね。

矢作　殴ったのはどうも外国人。

並木　外国人。でも同じ人間同志じゃないですか。

●人間は寿命までは死なない、その覚悟が大事

矢作　今回の子供たち、私は幼少児はあまり患らないんじゃないかと見てるんです。

並木　確かに割合で言ったら、少ないと思います。重症化しづらいと言えるかも知れませんね。

矢作　大枠として政府のせいにせずに、自分達の心構えで乗り切ろうと訴えたいのですね。死ぬ時は死ぬのだって。

並木　ええ、今回のことに限らず、その覚悟を決めるっていうのはとても大事なことですよね。今の世の中、いつ何時、何が原因で死ぬかわからないわけですから。

矢作　交通事故で死ぬかもしれないし。

並木　ですよね。例えばですけど、まかり間違って、気がおかしくなって誰かがミサイルのボタンを押したら、それで一貫の終わりってことだって、あり得ないわけではないですから。

矢作　それを言わないで安心、なんて無理だと思うのです。不確定要素が大きいから。

並木　本当の安心はその覚悟から生まれるんですよね。

矢作　それを強く持つことです。

並木　寿命まで死なないと知ることがとても大切な事です。いつも言っていることですが、寿命でなければ、頭をナタで割られたって死なないんですよ。言い方を変えると、例えば、コロナで亡くなったと言うとき、真実から言えば、寿命を迎えたときに、コロナを患っていたということになるのですね。つまり、コロナ「で」亡くなったわけではないのです。飛行機事故「で」亡くなったのではなく、寿命を迎えたときに事故を起こした飛行機に乗っていて、肉体を離れた、というのが真実なんです。今のところはまだ、肉体が損傷を受けるなどの何か事が起きないと、僕たちは肉体をぬけることはできないので外的要因を利用することが必要なのです。

矢作　ひとつのきっかけですよね。

並木　そうそう、きっかけです（笑）

矢作　それこそひと昔前の政治家だったら、石原慎太郎さんみたいにね「全部助かるわけねぇだろう」、そう言える人がいればいいんだけど、今そういうこと言えないって空気がね。

並木　大炎上になりますね（笑）……まあ、なってもいいんでしょうけど（笑）

矢作　言わざるを得ないかな、って思っています。こういうことがこれからも起る、大仕掛けなことをして……アメリカがやってることって、すごいことなんだということを知ってもらうことだと思うのですよ。ちょっと炎上型になってしまうかもしれないけど、これについては言わざるを得ないかな。

並木　それは炎上するようなことではないと思いますよ。今回のこと云々ではなく、表面的な物の見方を超えて、本質を観る視点が、これから本当に必要になってきますし、良識ある多くの人たちは、今、世の中に起きている矛盾や嘘に気づき始めていますから。

矢作　「皆さん、ある一定の確率で死ぬと覚悟してください」って。

並木　でも実際、覚悟を決めるからこそ、今を精一杯生きることができるんですよね。みんないつまでも生きていると思ってるんですよ。

でも残念ながら生きてはいられないですよね？

●波動を順調に上げている時こそ、恐怖や不安でドーンと波動を落としてくる

矢作　たぶん、そういうことでやっていけば、大丈夫かなって。つまり、言うことは言う、やることはやるのだけど、その方法、やり方は工夫するっていうことですよね。事実の確認ですけど、今日本の中に恐怖の人、不安の人、どれくらいの割合なのですか。

並木　潜在的に強い恐怖をいだいている人は3割。得体の知れない不安を感じている人は8割。これって伝染するのですよ。いま、全国の分布図みたいなものが出るでしょう。

え？　これうちの方にも広まってる来るんじゃないの？　みたいな……。とにかく色々な思惑や作為的な意志のもと、今回の件はコントロールされながら進んでい

っていますね。

矢作　恐怖の中に、強い恐怖を頂いている人が、8割の中の3割　恐怖を感じていない人は、逆に2割しかいない。実際に仕事無くなっちゃったり、会社無くなってしまった人、いますからね。

並木　どうしても、目の前の出来事に一喜一憂し、翻弄されてしまうのが、僕たち人間なのですが、今大切なのは、現実に走り込みそうになるのを、グッとこらえて、先ずは出来ることを通してリラックスし、次の一手を考える……。

難しいのは承知で言うのですが、そうした余裕を持つことが、今本当に求められています。恐怖は恐怖を、不安は不安を呼ぶことを、もう一度、頭に入れておいていただけたらと思います。慌てない、騒がない……大丈夫ですから。

矢作　中華人民共和国からのサプライチェーンが１か月止り、ＮＹダウ平均株価は２月19日２９，３４８ドルから３月６日現在２５，８６５ドルまで下がっています。我が国も２月頭から日銀が国民の預貯金を使って下支えしているにもかかわらず日経平均株価が２月20日２３，４７９円から３月６日現在２０，７５０円まで急落しています。これはたいへんなことですね。

並木　そうですね、この1～3月はまたドーンと来ますよ。

矢作　ここにくると、グレーゾーンに対する覚悟の問題になってくるのですね。科学的に理屈で納得するかというとそうではない。科学的に分かっている部分だけではグレーを白と言えないもの。我々の覚悟１つなのです。非常に低い確率を恐れるのかって話しです。結局、感染するのは宝くじに当たったたくらいに考えれば、そして発症したり、重症化するのはさらに少ない受け入れられるぐらいに思えれば。大方の大丈夫な人たちが経済を支えて行かないといけない、生活もありますし。というところがとても大きいと思います。

政治・行政の光の当たらない多くの産業が倒れ始めたら本当にたいへんなことになるでしょう。今、私たちが意識しないといけないのはこれ以上消費を冷え込まさないことです。極端なこと言ったら外に出て要らないものまで買うよう金を使ったらどうでしょう。

そして政府が公共事業として製造業や自営業などの支援をすることだと思います。具体的には、内需を支える中小企業について一般会計から20兆円余りを交付金として出せばと思います。

また、これを機会に日銀とは別に国家ファンドを設立してはどうかと思います。

並木　根拠を求めることが大切なのではなく、各自が何を選択するか、なのですよね。あなただってなんの根拠があってここに生きているのか分からないでしょう、って話しですよね？　本当に大事なことだと思います。僕たちは今、大事な分岐点を迎えているんですから。

とにかく、僕たちが順調に波動を上げて目醒めの方に行こうとすると、今回のようなことを起こします。大きな恐怖や不安を煽って、高く上がっていた波動をドーン！　と落とします。こうしたことは過去何度も起きています。そして、こういうことはこれからも起きますよ。あえて、これから先も同じようなことが起きますよ、と書くといいと思うんです。恐怖を煽るのではなくて、実際、今の世の中で、こういうことが起きていて、今後、こうしたことが起こったときには、このベースにちゃんと立っていれば大丈夫だよ、っていうことをちゃんと伝える必要があると思うのです。

矢作　時間が経った時に気づいてもらえると思うのですよね。国を動かす人は、腹を固めてないとダメだと思います。

並木　そうですよね、その覚悟です。まだ多くの政治家は肝が座っていないのですよ、腹が座ってないのです。

●コロナウイルスの意識に話しかけることで、活性化が終息する

矢作　結局私たちが心身共に健やかであることが基本ですね。さて、食品の中でもっとも害の少ないのは水って考えてよいですね。

並木　それは言えます。純粋なお水。できれば湧き水の方がいいですね。

矢作　今世の勉強の１つはバランスのとり方ですね。

並木　そうです。僕たちが統合に向かっていくというのは、バランスを取っていくことに他ならないのです。ポジティブやネガティブという偏りから、どんどんバランスへ、つまり統合へと向かっていくことが今の僕たちなのです。とにかく、何事もバランスですね。

矢作　意識が腸内細菌、今ようやく腸内細菌の大事さが言われてきているんだけど。腸って脳の出店みたいなものなので、我々の意識が腸内の環境を変える、整えるという理解でよろしいですね？

並木　もちろんです、もちろんです。確かに影響します。「上」は腸は小宇宙だ、と云っています。

腸内細菌によらず、腸内に関わる細胞もすべて意識を持っているそうです。微生物も含めて。これらが日々、腸内という小宇宙の中で、出現したり、消滅したりしているんですって。そして、その腸内のバランスを決めるのが、僕たちの意識だそうです。

矢作　恐怖とかネガティブな意識を持っていると、いわゆる悪玉菌というのが増えてしまう。

並木　そうです、そうです。わかりやすく言うと。

矢作　女性で言うと、医学的にいうとホルモンの関係だと言われてるんですけど、便秘気味の人が多いって。女性は便秘が悪い物だと思って、便秘を改善する薬がけっこう売れているのですよね。程度によると思いますけど、私は悪い事だと思ってなくて。必要があってそうなっているのだから。

体調が、自分の心持がよければ、便秘ってネガティブなものと捉えなくていいと思うのですけど。そこらあたり神様何か言っていますか？

並木　つまり、便秘ってことにフォーカスが行ってしまっているんですよね。僕たちの意識は、焦点を当てたものを拡大する作用があるので、それを意識し続ける限り、ずっと問題としてとどまってしまうわけです。もちろん、女性と男性とでは臓器の位置も働きも違いますので、一括りには出来ませんが、だからと言って、それを問題として見てしまうと、女性共通の問題のようになってしまって、なにか解決しなきゃいけないことがあるかのように、がっちり結晶化してしまうのです。

でも、問題として捉えなくなったときに、身体は自然にバランスを取るように、本来の健康を取り戻していくわけです。薬を使ってはいけないよ、と言ってるのではなく、問題視する意識から離れることで、そのバランスが腸内細菌に影響するよう、意識の使い方には十分に気をつけなさい、ということなんですね。

矢作　コロナウイルスの話ともつながりますよね、すべての物に意識があるっていうことで考えないといけない、ってことですね。

並木　コロナウイルスだって意識があるわけですから。

上がおもしろいことを云って来ています。書くべきかどうかわからないんですけど、とにかく、お伝えしますね。

コロナウイルスも意識を持っている。故にこのコロナウイルス意識とコミュニュケーションを取る事で、活動を、沈静化させることもできると云うんですね。

僕たちが今、腸内細菌が我々に及ぼす影響っていう話をしてますけど、ウイルスの方にも僕たちの意識が影響するんですって。

不安や恐れがウイルスを増幅させ、強化させてしまうことになるって話をしましたが、言い方を換えると、このウイルス自体が不安と恐怖に満ちているんですって。

だから、僕たちがウイルスに話しかけてあげること、例えば、「不安にならなくていいよ」「怖がらなくていいよ」って、僕たちが平和な気持ちで話しかけてあげることが大切なのです。不安な気持ちにかられながら「落ち着きなさい、大丈夫よ」って言っても、その不安は共振して増幅していくだけです。安定した安らかな気持ちで、「落ち着いて、大丈夫だから」って本当に多くの人が話しかけることができるようになったら、この事態はすばやく沈静化するって云うんですよね。

ただ、この考え方ややり方を受け入れる人がどれだけいるか、っていう話ですけど。

矢作　大事なメッセージだと思いますす、ガンと一緒ですね。

並木　そうですよね。

第三章

中国共産党政府から足抜けを

●韓国を支えるみずほ銀行、その裏にも中共政府が

矢作　中共政府がいつ倒れるかっていうのも、日本がちゃんとこれをできるかどうか。

並木　結局、ノーを言えるかどうかなんですよね。そしたら早いですよ、崩壊は。もちろん、この崩壊は、今あらゆる分野で起ころうとしていて、これから新たな流れが作られるための下地であり、祝福とも言えるものです。実際、今だって、働き方や学び方に大きな変化が起き始めていますよね？

つまり、以前からお話しているように、大激変の年である今年は、今までの古い価値感が見直され、新たな方向性が模索されるという、発展性に満ちた流れにシフトしようとしているのです。

矢作　韓国も今それに絡んでいて、韓国は今大変なことになっているけれども。韓国が金融崩壊しないひとつの理由は、みずほ銀行が韓国銀行をバックアップしているからです。みずほ銀行が日本の３大メガバンクの１つなので、みずほ銀行自身は絶対潰れません。最悪の場合、日本国民の税金使っちゃうから。

そういうもので韓国の銀行を支えているという闇ですね。みずほというより、設立母体の１つの第一勧銀が悪いみたいですけど。韓国の金融が危なくなると支えてるんですよ。ここで、みずほが綺麗に貸しはがして撤退すれば終るのですけど、まだ引きずっています。そこになにか見えます？

並木　第一勧銀の背後にいるのは韓国ではなく、中国なのでは？

矢作　そう、そう。中華人民共和国、韓国、もちろん朝鮮民主主義人民共和国（以下：北朝鮮）もなんですが、全部闇同志で手を握っています。そこに日本が手を貸している。闇の構造ですね。これが非常に問題です。

並木　みずほだけでやめることは、できないですよね……これは。

矢作　それこそ、政府がアメリカに忠誠を尽くせば、金融庁の指導で動かせるはずです。さすがに銀行と言えども金融庁の言う事は聞かないといけない。

並木　まぁ、そうですよね。

矢作　金融庁を動かせるのは政府なのですよね。ところが今、中共政府とズブズブだから。

並木　なるほどです……。

矢作　ここ、なんですよ。もしアメリカが本気だしてガーンともうひと騒動起こしてくれれば、たぶん切れると、裏の構図が完全にでて来ると思うのですけど。

並木　もうひと騒動ね……。まぁ、構想は練っているので、起こそうと思えば起こすことはできますよ。ただ、濃厚な流れで言えば、安倍総理の流れが、あまり良くないのですよね。まず、任期6年目が一番気をつける必要のある時期だったんですよ。タラレバの話になってしまいますけど、ちゃんとノーと言うべきことにノーといって、総理の元々の理念に合致した選択をしていたら、今とは全く違う流れになっていたはずなんですよね。

矢作　他の政治家はマネートラップに嵌められています。チャイナマネーに引っかかってるのです。

並木　本来の役割から言って、本末転倒になってしまいますよね。

矢作　極端なことというと、アメリカの言う事聞いている操り人形の方がまだまし。下手に自分で考えるより、言いなりのパターンでやるのが一番簡単ですよね。

並木　ある意味、恐ろしいことですよね。

矢作　アメリカって平気でやりますからね。いままでもいくらもやってきています。

●魂を売らずにアメリカと歩調を合わせていれば、解決する

並木　安倍総理の動向も……。今オリンピックを中止するのかどうするのか、という話題が出ていますが、この話の動向によっても変わってくることになりますね。

矢作　アメリカの言うこと聞くかどうかによって変わるような気がするのですよね。アメリカは治療方法を持っているので、本当は。

並木　あ、薬ありますよ、ちゃんと。治療方法ってそういう意味ですよね？

矢作　そう、そう。だから言う事聞けば、恐怖でもなんでもないのですよ。今の騒ぎって。

並木　えぇ……そこへの持っていき方ですよね……。今の流れのままだとうまくいかない流れの方が強いですよね。なぜ思いきれないのか……という話しですよね。

矢作　そう。自民党の大半の人がチャイナマネーをもらって言う事聞かざるを得ない状況になっているっていうところが動けない理由、と理解してるんです。

並木　確かに、なんらかの板挟みにはなっていますよね。

矢作　いま習近平を呼ぶと終わっちゃうので。たぶんそれが試金石になるのじゃないかと思うんです。一般の評論家は「中国と敵対するとオリンピックは開けない」と。そうではない、と考えています。

並木　なるほどですね。

矢作　習近平が来たらむしろアメリカが怒って、オリンピックはなくなる、ってそっちですね。

並木　確かに、不思議に思ってしまうほどに、必死に呼ぼうとしている節が見えますよね。

矢作　だから、コレすごい事じゃないですか。こういっちゃなんだけど大きい目から見ると、決定済みのことだから。

並木　それは来ても、来なくてもって意味ですか？

矢作　はい。残念だけど今の日本の腰抜けだったら、どうせ付くならば、魂は売らないまでもこれからも日米同盟を守っていくのが唯一の道だと思っているんです。やがてアメリカを日本の48番目の県にすりゃいいのですから。間違って、今倒れる闇に手を貸したらダメだと思ってるんですよね。

並木　闇に手を貸す、魂を売る……これは、本当に避けたいことですよね。

●中共政府は既に役目を終えた イルミナティ（＊）の代行者の意を体したアメリカによって潰される運命

＊世界を統べるIlluminati（以後イルミナティと表記）：フリーメーソンの最上位の人々もメンバー。

矢作　中共政府はひとつの役割りを終えたので。中華人民共和国は、経済的な行き詰まりが米中戦争により加速し、中国共産党上層部内の権力闘争に加えて軍部を抑えきれなくなり、そこに今回の新型コロナの追い打ちをかけられて、いよいよ最終局面の様相を呈してきました。政府が倒れても国民は死ぬわけではありません。国

世界運営の仕組み

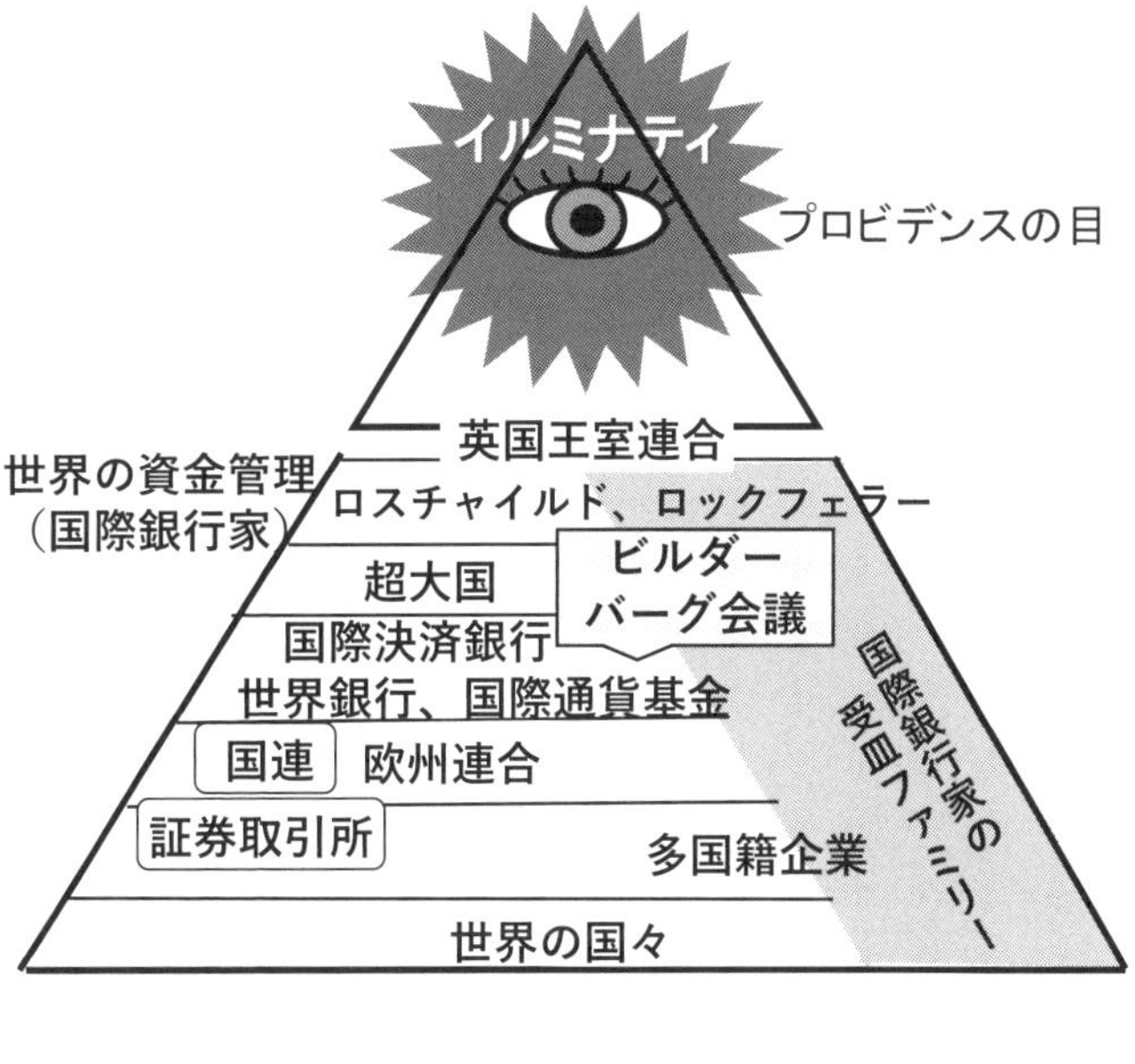
イルミナティ
プロビデンスの目
英国王室連合
世界の資金管理
（国際銀行家）
ロスチャイルド、ロックフェラー
超大国
ビルダー
バーグ会議
国際決済銀行
世界銀行、国際通貨基金
国連
欧州連合
証券取引所
多国籍企業
世界の国々
国際銀行家の
受皿ファミリー

民の中で、賢い人は地方で動き始めていて、次どういうふうにしていくかと思っています。

並木　皆が皆、そうではないですからね。

矢作　各地方がそれぞれ動いてるので。古い体制を倒すために、むしろ手を切った方がいいんですよ。

並木　確かに、中国にあっても本当に賢く、真実を捉えている人たちは、そうでもしなければこの国は変わらない、とまで思っていますから。だから、その体制が壊れること自体は全然いいことなんですよ。新たなものが生まれるための、地ならしですよね。

矢作　金で魂を売ってしまうのが、国政を担う人の大半だっていうところに問題があるわけです。ある人は「もし、このまま中国と手をきったら日本は潰れてしまう」と言っていますが、もちろん出血の覚悟が免れないです。出血してでも、皮を切らせて、肉を切らせて、骨を切るくらい、切羽詰まってるのです、この世界は。だから、それくらいの覚悟をもっていないといけない。

中共政府は闇ですね。

はっきり言うとイルミナティの意思として、中共政府は自然の流れで斃《たお》れざるを得ない、習近平は天命がない、と認識しているのです。それでアメリカが現在経済戦争を仕掛けています。当然それもイルミナティの考えですので。アメリカはそれに則ってやってるわけなのです。中共政府は体制として助かる事はないので。

今、人民解放軍が尖閣諸島にちょっかいを出して習近平に「日本にどう説明するのか」と匕首《あいくち》を突き付けているくらい軍を抑えられなくなってきています。中共政府は断末魔です。今はまさにターニングポイントです。

あとは日本政府が両股かけるような変な間違い起こさないことですね。「力こそ正義」の世界にあって、より強い方につくってのが鉄則ですから。それを言わざるを得ない、声高に。たぶん習近平反対どころか。これってジャイアンにつくのか、スネオにつくのかってことで、どっちもっていうのはありえないことですよね。

人民解放軍により第一列島線を侵されたアメリカは、「自由で開かれたインド太平洋戦略」で精力的に軍事演習を繰り返して中華人民共和国を包囲しつつあります。私たちは、国際法上、侵略行為に当たる行為に対して、今まで何をされてもなすがままだった積極的平和主義に見切りをつけて、ここは日米同盟を再度意識して最終的に日米安保発動まで腹をくくることです。

並木　とにかく大切なことは、どっちつかずをやらないってことですよね。本当に高い視点から先を見据えたときに、一時的に痛みを伴うことがあっても、真の幸福と豊かさに繋がる流れが見えたなら、そのビジョンと想いを国民と共有し、ブレない一致した行動を取り続ければ、多くの人たちの賛同を受けて、日本は確実に浮上することになります。

矢作　国民の声って言った場合に、デモで意思表明しようという動きがありますが？

並木　いつもお話していることになりますが、「一人一人が意識を変えること」以外に、真の解決の道はありません。デモは、どんな大義名分を並べても「戦い」になってしまい、この戦いをベースにした行動からは、本当の平和は決して訪れませんから。

矢作　たぶんそれよりも、アメリカが仕組んだ今回のしばりのうち、一番いいのは恐怖じゃなくて、私たちの自由主義にそぐわない中共政府ダメだ、と思うことです。

日本が「中国共産党政府ダメ！」ってなることが一番重要な狙いだったと思いますね。中国人個人でなく……。

並木　わかります、わかります。国民ではなく、一人一人が苦しめられてしまっている今の体制なのですよね。

矢作　それをアメリカが仕組んだ中でメッセージの1つにしてると思うのですね？こんな国に頼る仕組み、つまりグローバル化の中で、分業して、モノ作りの中間は全部そこに投げてるじゃないですか。

並木　そうですね。アメリカは中国を孤立させようとしている節があるので。その作戦の動きがありますね。これがうまく行かなかったら次の手、また次の手となる可能性があり、そうなれば皆の痛みが大きくなりますよね。

矢作　結局、損して得とれ、なんですよね。目先の小さなことでなく大きな流れの中で抗《あらが》えない部分は、抗わないっていうふうに、腹をくくるしかないですよね、政界も政界ですけど、経済界の経団連もみんな「中国なしでは経営が成り立たない」って口を揃えて言うのです。そこの考えを改めるしかないですよ。

今時、中共政府に頼まれたからって中華人民共和国に1，300億円資本注入しようとしているトヨタは、二〇〇九年から二〇一〇年にかけての「トヨタ自動車の大規模リコール」の時と同じで、やがてアメリカに叩かれるかもしれません。

ちなみに、フリーメーソン的に言えば、うまく国が立ちゆくためには、いずれの製造業も国内生産比率を50％以上確保し、他国に依存しないことです。

並木　まさに、洗脳と言わざるを得ませんね。

矢作　（笑）

並木　刷り込みと言い換えても良いでしょう。

●一旦、中共政府と縁を切りましょう

矢作　チャイナリスクっていう根本を、肝に銘じないといけないですね。チャイナリスクの元は、やっぱり闇だから。恐怖を増長させています。しかも文化大革命以後、覇権《はけん》主義を世界に広げるようになったから皆から嫌われるわけですよね。協調ではなくて覇権ですからね、俺の言う事聞けですからね。昔と何一つ変わってないですよ。

これではやっぱり人類の進化、つまり自由意志でね、物を進めていくことはできないので。これは今風じゃないですね、昔ならいざしらず。もっとはっきり言えば、

華夷《かい》秩序の頭で西洋文明と張り合おうとしたことが間違いのもとです。究極は平等を理想としている、世界を動かしている方からみたら理解不能、気持ち悪いってことになってしまいます。

並木　やっぱり一人ひとりが自分の真実に一致して、行動し始める時を迎えてるってことですよね。もうサインは出ているのに、なぜ、その時にやらないのかって話しです。実際もう行きつく所まで行っているわけですから。

矢作　そうですね、傷口が散々……。まだ12万人も日本人が中国に住んでいますから。何回飛行機飛ばせば帰ってくるのか？　なかなか厳しいですね。

並木　私はどうあっても中国がいい、っていう人も中にはいるでしょうし。通常は野党がまっさきに批判しそうなものですが、こういう問題になるとなぜ黙ってしまうのでしょう。

矢作　野党は大なり小なり中共政府に洗脳されています。国民の方は目が醒めて今までさんざん国を売る政策が……消費税のこともそうでしょうし、ちょっと前の種子法の廃止、水道と漁業権の民活化、カジノ法案。国民としては反対が圧倒的に多かったらしいのですけど、それでも政権がやることをしょうがないと思っていました。野党はまったくあてにならないし。今回初めて自分の命が危ない、と恐怖感を煽られながら「今のままじゃダメだ」と思ってるみたいですね、国民は。あとは国民の恐怖が産業界とか為政者にどれだけ伝わるかってところですね。

●あなたは覚醒めている人のいる世界に住みたいですか？　それとも違う世界に住みたいですか？

並木　そうですね。どれだけ伝わるのか、ですよね。もちろん。伝わればいいんですけど。スピリチュアルと呼ばれる人たちの中には、けっこう中国擁護の人も多いと聞きます。「宇宙愛、地球愛をもって覚醒しましょう。だから、隣の国だって、もちろん大切にしないと」という。

つまり差別、排除ってなってしまうと、この地球って２極の相対的な世界なので、守ろうとすれば、新たな脅かされるものを生み、戦おうとすれば、新たに戦う相手を生むように、ラットレースになってしまいます。そうならないように気をつける必要がありますね。なので一方が強く「そうだ、そうだ」ってなってしまうと、ますます、「もう一方」が強くなっていってしまいますから。

矢作　感情を持ち込まないことが肝要です。心配しなくても大丈夫です、覇権国家とは疎遠になります。

並木　「あなたの住みたい世界はどんな世界ですか？」。例えば、誰かや何かに支配されるような世界に住みたいのか、それとも1人1人が自分の力を取り戻して、自由な世界に住みたいのか、どっちですか？　この選択を各自がしていくことが大切なのです。今、地球は大きな分岐点を迎えていますので、それぞれが決めた世界に分れていこうとしています。皆それぞれに、思うところがあり、真実があり、何の間違いもありません。

ただ、宇宙は決めたことを強力にバックアップするエネルギーを送っていますので、僕たち一人ひとりの真実に見合った世界に、ますます分かれていくことになるのです。つまり、目を醒ますのか、眠り続けるのかで、いずれ交わることのできない所まで離れていくことになります。

矢作　離れていくって場合、物理的に離れていきますね？

並木　物理的に離れていきます。

矢作　やがて澄んだ地球と、寝た地球、2つがあるということですね。

並木　はい、わかりやすく言うと、2つがあるってことです。

矢作　こっちに目醒めた人、あっちに目醒めてない人がいた時に、目醒めている人から見ると目醒めてない人はいなくなりますよね？

並木　いなくなります。例えば、今の世界でも「そう言えば、あの人最近見てないよね？　どうしちゃったのかしら？」と。頻繁に会ってたのに、ふと気づくと自分の世界からいなくなってしまったが如く全然関わりを持たなくなることってありますよね？　それと同じことです。それがもっと極端に、激しくなるってことです。

矢作　なくなってしまう、ってことですよね

並木　そうです、そうです。じゃあ、こう考えてみてください。わかりやすい説明になってるかどうかわからないですけど。結局僕たちって主体的に自分の人生を体験します。この主体的に体験している現実っていうのは、自分だけのものであって、あの人がいる、この人がいるっていっても、その人の人生を僕たちが主体的に体験することはできませんよね？　そしてその人たちはその人たちで主体的に自分の人生を体験しているわけです。つまり、主体という体感だけがすべてなんです。僕たちがもし、完全に調和した地球に移行するほどの意識の高まりを実現すれば、たとえ、今まで争っていた人が同じ世界に存在していたとしても、その人との関わりは一切なくなります。そして、自分はどこもかしこも調和された、まったく今までとは違う世界を体験することになるのです。あまりにも波動が違ってしまえば、関わ

ることができなくなってしまうわけです。

矢作　それを、それぞれのパラレルワールドというわけですね。

並木　パラレルワールドの数は、例えば、理論上で言えば、想像でき得る数だけあります。例えば70何億の人間が、それぞれ「こんな世界に住みたい」って思った瞬間にそれは違う次元に存在することになります。

矢作　結局、自分の見ている世界が自分の世界

並木　そうです、そうです。そして、僕たちは自分の見たいように世界を見ることになります。

矢作　今ここで大勢いるってことは、自分を含めた１人１人が見ている世界の総和を、自分は見ているわけですね。

並木　そういうことになりますね。

矢作　あまりに極端な人は当然、視野の中に入って来なくなります。

並木　本当に自分の目の前から亡くなるという形で自分の世界から消える人もいれば、気が付かないうちにフェードアウトするように、自然消滅していったり……。

とにかくそうやって、自分の意識の変化に伴って、バタバタと外側の現実が変わり始めるわけです。

矢作　我々があと言う意味があるとすれば、事実だけじゃなくて、科学で証明できない、恐怖とか。はっきり言うとウイルスって、当然、振動数が低い、生物と無生物の間みたいな物で。それって我々の固有振動数の高い低いにより親和性が変わります。

並木　もちろんです。「こうしたことは何のために起きているのですか？」ってよく聞かれるんですけど、それは宇宙から、それらの影響を受けない所まであなた方の波動を上げてくださいね、って言われているんですね。

矢作　つまりそれは科学者としては言えることじゃないけれど。科学なんてものじゃなくて真理として言っているんだ、ってスタンスで言わざるを得ないと思うんです。不安、恐怖がそういうものを生んでしまう。

自分が講演会で公言しているのは、究極、中華人民共和国の人の罹患《りかん》率に対する死亡率は、日本人のそれより高いということです。日本人はあまり死なないと言っているんですよね。
中国での死者が3，000人ですか。もちろん把握していないのもあるでしょう。

並木　ここまで来ると、死とは何なのか？　死に対する正しい知識を得ること、理解することが必要になってくると思うんです。結局、人生を総体的に捉える必要があるのですよ。「ここ」と「ここ」というように部分的に存在しているわけではないんです。
僕たちは、こういう時期を迎えて、もっとオープンになって、人間の本質、人生の本質を捉え直す必要性が出てきているんですよね。そして、そうしたことを学ぶのにも、とても適した時期を迎えていると言えますね。

矢作　まあ、そこさえ割り切っちゃえば。科学至上主義で、科学は100％わかればば役に立つけど、わからない部分で逆に恐怖をあおっちゃう。

並木　「どうすればいいの?」「よくわかりません」じゃ、結局どうすればいいの?っていう話になるじゃないですか。要は「良い意味で開き直りなさい」というメッセージなのです。これ、すごい大事なメッセージです。開き直るということは自分の人生を信頼してチャレンジ、挑戦するっていうことなのです。「もし、私がここで死ぬんだったら、それは宇宙の意志。私がどう足掻いたって変わらないこと。でも、もし私が生きる必要があるなら、何が起きても、何があっても絶対に大丈夫」ってところに立つわけです。こんなに自由なことってないですよね?

矢作　そうですね。

並木　今まで、僕が伝えて来たことの根幹は、こういうところだったりします。言い方を換えると、その覚悟がないとやっていけないのですよ。

矢作　量よりもメッセージ性だと思うのですよ。科学的なことを言うと、新型コロナウイルスは、症状が出る前から他者への感染性があり、比率が低いけれど重篤なウイルス肺炎をおこすこと、迅速診断キットや市場にワクチン・治療薬がない、という点でインフルエンザと異なるということが指摘されています。つまり感染連鎖が読めず封じ込めができないのです。

科学的な視点からは、惜しいかな、わからない部分で「用心しろ」になっちゃうんですよね。

並木　じゃあ、安倍総理に言いに行きましょうか？（笑）

矢作　そう、安倍総理にね。重要なのは「やることやって後は心配するな。なったときはなった時だ」と。安倍総理が腹決めなきゃいけないのは、アメリカと中共政府の両方にいい顔するのを止めてアメリカ側につかないといけないということでしょうね。失脚してもいいのですか？　という話でしょ？　だから、それをたぶん肝に銘じないと。そういう大きな流れの中でね。アメリカ側につくという旗色を明らかにすることで国益に関する交渉もできようと思うのですが。

並木　そういう流れも無きにしもあらず……ですね。

●コロナウイルスに恐怖を感じている人は国民の8割

矢作　あと、しがらみをね。小泉純一郎元総理なんかやってることは間違っていたとしても、大方の人が反対しても強行したじゃないですか。そういう意味ではものすごく偉いですよね。ああいうくらい、人が関係ないくらい。決断力あったと思いますよ。気前よく国富を売っちゃったけど。

並木　自分軸に一致してましたよね。

矢作　国がどうなるか考えてなかったけど。安倍総理も優しい人みたいだから、なかなか大変なのでしょうけど。そうは言っても、のるか、そるかの瀬戸際になった時、選択肢はないわけで。そこで腹固めないと。たぶんアメリカにやられるってことを理解してるのでしょうか？

並木　いや、ね、だから……100ではないですが、そういう頭があるのは感じます。

矢作　かなり確率が高くなってくるわけで。今年中に終ってしまうとか。そうならないためにもみんなで「中共政府、アウト」って。合言葉はそこだと思うんですけど、コロナが収まったように見えても、アメリカはいくらでもエグイことしてきますから。武漢の近くには三峡ダムもありますし。

並木　そう……なんですよねぇ……。

矢作　小泉さんみたいな売り方じゃないけれど、小泉さんは単純に日本をアメリカに売ってしまったけど。今は中華人民共和国と離れるという意味でのアメリカ寄りを選ぶ選択肢なので、ちょっと意味合いが違うと思うんですよね。

並木　そうですね……。（武漢コロナは）はっきり言ってまずいです。表現の仕方を違えてしまうと、それに付随して様々な思いや感情が噴出し、メッセージが届かなくなります。僕たちは感情の生き物なので、ネガティブな感情がフィルターになってしまった時、書かれてあること全てを、その感情のフィルターを通して読んでしまうので、まったく違う形で捉えられてしまうでしょう。

矢作　それと愛を持って。中共政府が倒れたら、中にいる中国人は敵でもなんでもないので。

並木　そうです、そうです。中国の方を否定しているのではないんですよ。っていうことをしっかり示してあげることが大切だと思います。

矢作　中国共産党が問題なのです。心ある人たちは身体張って反対していますからね。皆が皆闇じゃなくて、共産党という非常に不自然な思想の人が、自分の身にあまるような膨大な量の人と土地を束ねようとするあまり覇権主義を振りかざしてきました。つまり本来だったら別々に国作りしたい人たちを、無理矢理タガではめているだけですからね。

第四章

近現代の真実

●霊性とスピリチュアルの違い

矢作　誰が言うかにもよりますけど、ある程度複数の人が言えばいいと思いますが、霊性という言葉は古来からある言葉で良いのではないかなって。

霊性って、西洋から来たスピリチュアリズムと意味が違っています。スピリチュアリズムっていうのはいわゆるキリスト教的な観念を持っている人に対して「そうじゃないよ。魂というのは永遠だよ」というところから発展していった考えなのですね。我々が先祖の一部である縄文人から持っている霊性は、そういうのとはまったく出発点が違って、この世界と、見えないもっと高い世界と同時に理解できる、そういう感性のことを霊性と言ってきたという理解なのですね。

霊性をスピリチュアルに読み替えている人達が多いのですけど、実際は言葉の持つルーツも違うんですね。霊性っていう言葉がとってもいいのじゃないかな。我々霊性の民日本人は宗教を必要としない。つまり、自分で直接神性を理解できるので。しかけとしての宗教、つまり神様を自分の外にしか感じられない人に神を信じさせる宗教というしかけを必要としない。だから我々に宗教はいらないんだ、ということをずっと言ってきたのですね。霊性という言葉はずっと昔からある言葉なので、いいかなって思っています。スピって西洋から来ているものなので、我々の感性とちょっと合わないのですよ。

並木　と、同時に今のスピって呼ばれる世界……自分も同じ世界にいるんですけど何だかとても、ヘンテコなものになっていってしまっているような感じをとっても受けるんですよね。「スピ」と一括に言われることに違和感を感じるというか……。本来のスピリチュアルって、とても現実的なものなんですよね。

矢作　スピの人ってなんで色がついたかというと、本来のスピリチュアリズムって、そんな現実を無視して光の方に行け、って話しじゃなくて。キリスト意識から離れてしまったキリスト教的なくびきの中から、真理を見つける。本来はそういうスタンスだったんですね。

近代のスピリチュアリズムは欧米の科学者、超一流の科学者が主導したのです。ノーベル賞を受賞したような人たちですけど、日本ではいきなり違う方向に進んで、精神世界って、光だけを見て、現実世界は汚れた物だから見ないって、はき違えをしてるんでそれはおかしい。

並木　切り離しですよね、それだと分離になっってしまいますからね。

矢作　霊性、スピリチュアリズムの人が、事実を知ったならば、この世界での、日本を要としたこの世界というのが見えてくるはずです。

そうするとなぜ我々がいるのかというと、1人ひとりが縄文人じゃないけど、自分の存在意義、身体に例えると、僕は脳細胞だ、僕は目の細胞だ、僕は耳の細胞だって理解していたわけです。それで調和して生きていくことなのですね。だから本来それがわからなければ、霊性だろうと、スピリチュアリズムであろうと意味がないのですけど、そこに気づかない人がいますよね。

並木　そうですね、一部だけを切り取って理解しようとしてしまうんですね。

矢作　霊性とは本来そこに行きつくのですよね、つまり大調和。神武天皇がね、神と話していて。「立て、行け」って言われたときの言葉だったのですね。

決して八紘一宇という言葉じゃなくて。「大調和」だったのです。自分の聞いた言葉は。八紘一宇、八紘為宇っていわゆる『日本書紀』という後付けの本で出て来るけど、あれ当人は言ってない……。

並木　（笑）。似たようなことですよね、後付けの。そういうのはいっぱいありますので。

矢作　ねぇ、ありますね。よくあとの人ってああいう創作頑張ったなって。

並木　こういう言い方は正しいかどうかわからないんですけど、ある種の辻褄合わせだったりするのですよね。

矢作　小説家と同じで、ある意味すごい想像力ですよね。

並木　えぇ、ある意味とてもクリエイティブなのです。

●歴史の真実は改竄されている！　殺された坂本竜馬は別人だった

矢作　（笑）クリエイティブですね～、当人はびっくりしちゃう。坂本龍馬を殺した人って今、まだ言っちゃいけないって、言ってこられます？

並木　龍馬を殺した人ですか？　あぁ……それに関してはもう少し先になりますかね（笑）

矢作　一言で言うと、グラバーを始めとした、ロスチャイルドの手先が指図しているように見えるんです。

並木　組織ですからね。組織は確かに関わっていますので。ロスチャイルド……そうですね。でも、その一派のように感じます。

矢作　要はだから、適当に動いてくれて。用済みになったからという理解でいいわけですよね？

並木　近江屋で亡くなってるようには僕にはまったく視えないんですよね。いわゆるトンデモ本みたいなのあるじゃないですか。そのトンデモ本に、これが本当の坂本龍馬だ！　って写真が載っていたんですよ。あるとき、それを弟に「見てみ。坂本龍馬の写真だって」って、見せられたことがあったんです。

以前、クライアントさんの中に歴史にすごい傾倒している人がいて、歴史の真実が知りたいと、セッションのときに、様々な質問をされたんですね。「坂本龍馬っていう人はどういう人となりなんでしょうか？　どうなって……と（笑）。それで霊視するじゃないですか。で当然、あの歴史の教科書に出てくる彼が視えるんだろうと思いきや、一度も視えたことがなかったんですよ。坂本龍馬にアクセスしているにもかかわらず、歴史でいわれている人と全然違うし、この人誰だろう？　と思ってて。そしたら、そのトンデモ本に載っていた、坂本龍馬だとされる人物が、正に霊視で視ていたその人そのものだったのです。あっ！　と驚いて。しかも、その写真は、日本で写っているんじゃなく、海外で写っていたんです。ってことは、あの教科書に載っていた人は誰なのか……海外に行っているってことは、近江屋で殺されたんではないのか……と頭が「？」になりましたが（笑）、それ以上は探りませんでした。

矢作　言い換えると、ロスチャイルドの下の人たちが、日本を近代化って名目で世界に組み入れる時、いろんなことやったじゃないですか。皇太子を変えてしまったとか。孝明天皇を毒殺してしまったとか。そういうことで大仕掛けだったので。場合によっては、彼らにとって生き残っていたら具合の悪い人を殺してる部分はあるのかな？

並木　結局、坂本龍馬は小間使いみたいになってしまったのです。いいように使われる、手先として使われるというように。とにもかくにも、近江屋で殺された人は。少なくとも坂本龍馬といわれていた人ではありません。

矢作　それくらい。あそこの歴史の動かすところって大掛かりで。ロスチャイルド当主もメンバーの一人であるイルミナティって決して明るいだけじゃなくて。

並木　そうなんですよね……歴史って、違う目で視ていくと習ってきたものと全然違う事が多いです。「宮本武蔵と佐々木小次郎が戦った巌流《がんりゅう》島の戦いで、佐々木小次郎はどうやって殺されたの？」って聞かれたことがありました。「え!?　宮本武蔵には殺されていませんよ、彼に倒されたのではありません」「でも亡くなりましたよね？」「ええ、亡くなりました。この戦いは確かに起っていますし、勝負では佐々木小次郎が負けていますが、そこで宮本武蔵は斬ってはいません。逆に、逃してるんですね。その後、佐々木小次郎がそこから逃げ出した時に、宮本武蔵の一派と言って良いのか……彼らに殺されてるんですね」。というやり取りがありましたが、とにかく宮本武蔵が殺したわけではない。そんなふうに、歴史で聞いているのと違うじゃない、っていうのがいっぱいありますよね。年号も違ってますし。

●真実の大正天皇像

矢作　明治天皇は大正天皇にけっこう厳しくあたって、教育を失敗したと考えていらっしゃった。皇太子が自由奔放で、明治天皇はもっと私心を持たないような……。皇太子が行啓《ぎょうけい》に行った時に地元の人とすぐ仲良くなっちゃうことに快く思っていらっしゃらなかったような。

並木　それはあるようですね。

矢作　だから乃木希典《のぎまれすけ》を教育係につけた、っていうのですね。

並木　この人の教育方針というのは皆と混じりあっていくことを良しとするんじゃなくて、逆に切り離し、近寄りがたい孤高の人柄へと導こうとする……。なんていうのかな……。

矢作　みんなと仲良くじゃなくて、御簾《みす》の内の……。

並木　ああ、そうです。

矢作　明治天皇、そういうふうに考えられたのですね。皇太子さん、困ったでしょうね。

並木　そうでしょうね。

矢作　それで、すごく窮屈になってしまわれたのでしょうねぇ……。

並木　そういう意味では、自分が自分じゃないという感覚を強く感じていましたよね。

矢作　統合と逆になってしまわれた。日本の近代を理解すると時に大正がネックというか。史実が捻じ曲げられているので。

並木　すごく捻じ曲げられているように感じます。

矢作　歴史の流れを見た時に、矮小化されていますよね。明治から大正、大正の後半は昭和天皇が皇太子として出て来られるのだけど。ここは１つの流れでないとまずい。天皇の見えているものは、一般の為政者よりもずっと高いので。それを明治天皇が亡くなった後、山縣有朋《やまがたありとも》を始めとした為政者たちが大正天皇の言うことを聞かなくなってしまったというのが……例えば日本を叩き潰そうと19世紀の終わりから手ぐすね引いていたアメリカにとって邪魔だった日英同盟の廃棄なんかもそうですけど、そういうことに繋がったっていうふうに見ているんです。

並木　ここでも今後に繋がる辻褄合わせをしているというか、そういう画策が行われていたのだっていうのが視えますし、これは何に絡んでいるのかわからないのですが。

僕は正統な歴史に詳しくないですし、何て表現していいかわからないんですけど……。例えば、お殿様がいました。お殿様は連綿と続いて来た血統の中でお殿様の位についた。「この人がお殿様のお子ですよ」と言った子が、お殿様のお子じゃないというか……そういう情景が浮かんでくるんですよ。皆に仕立て上げられて祭り上げられた、そういう光景が視えるのですね。それが何に繋がっているのかわかりませんが……。

矢作　それ言うと、明治天皇自身が孝明天皇の子供ではないので。いわゆる他所から連れてこられた、並木さんの言う「闇の出自」。闇から生まれて光になった人だったって私には見えるのですけど。もちろん、天皇霊を継ぐという意味で繋がっていらっしゃったのでよろしいのですが。

並木　闇を光に返り咲かせるということは、ありますからね。

矢作　大正天皇は明治天皇の子供ですので、そこは大丈夫ですけど。周りの人があまりにもないがしろにしたのですね。そこは日本の世界との付き合い方を誤らせちゃった部分が大きくて、天皇の言われる事を聞いておけば大丈夫だったのだけど。

並木　いま大正天皇に意識を向けているのですけど、すごく先進的な人だったんだなってていうふうに視えるのですね。ただ、周りの人がそれについていけてない。

矢作　だからやっぱり、言葉悪いけど、周りの人がけっこう貶《おとし》めちゃってるんですよね。「体に障害があって」とか。

並木　この天皇を古い体制に縛り付けて……って方向に持っていってるんですね。この天皇はすごく先進的で頭も切れるし、先見の明みたいなものを持っている人だった。って言うことは、彼のオリジナルな考えや物の見方を聞き入れたり、取り入れたりすることが出来ていたら、日本の流れって全然変わっていたはずなんですよ。これは日本と諸外国という対外的な関係性にもすごく影響していたでしょう。

矢作　ですよね。言いたい事は、天皇は天皇たるゆえんで、見える物が違うってことを一般の人はともかく、為政者くらいは理解しておかないといけないと思います。

並木　それはそうです。天皇という存在は我々と同じものを見てはいません。もし我々と同じものを見ているだけであるなら、存在意義がないことになります。変な意味ではなく。

矢作　そこの出だしが間違うと、大正時代みたいな残念なことになってしまうのだろうな、と感じるんですね。

並木　そうでしょうね。全然違ってってしまうでしょうね。

●日本がアメリカより先に原爆を開発したが、天皇が使用をお止めになった

矢作　満州って皇室と親しい愛新覚羅家《あいしんかくらけ》の生まれた所なので。あそこは関東軍が独立させたけど、その前に昭和天皇が「(大陸に出ていくのは) 止めとけ」って言っておられるんですよね。単に新天地として軍を始め、日本の人たちが独立国にして傀儡《かいらい》政権建てちゃったけど。本来は手をつけちゃいけない場所だったと思うのですね。

並木　ええ、手をつけちゃいけないですし、結局、余計なことをしちゃった形になってしまったんですね。

矢作　満洲事変を演出した「天才・石原莞爾《いしはらかんじ》」って言われているけど、天才っていってても、しょせん人間の天才だから、もっと高い所がわかるわけではないので。

並木　なるほど。でも、とても頭のきれた方ですね。

矢作　頭はいいんだけど、残念ながら理屈で考えた頭を越えたものを理解しないと、結局大きい事ってわかんないじゃないですか。そこらあたりを含めて、大正から昭和の始めにかけて、天皇をないがしろにしたことがまずかったですね。

並木　そうですね。大正天皇の声にもっと耳を傾けていたら全く違っていたのでしょうね。でもなんだか、天皇の声に耳を傾けようとした者もいるけど、それも潰されてしまっているんですよね。そのようなことが起きていたのも視えますね……。

矢作　日本がアメリカより先に原爆を完成させたって史実があるとある人が言っているのですけど、どこの時点で完成させたって捉えるのかが難しいけれど。原爆の研究が進んでいたと言っちゃっていいのですかね。

並木　う〜ん……。確かに原爆の研究は進んでいました。技術的に優れた先進国であるともいえますよね。

矢作　陸軍側と海軍側で作っていて、陸軍側が先にできたので、天皇に上奏したところ止められたのですね。それで止めたから結果的に実現しなかったのですけど、いいところまで進んでいたという話があります。

並木　非常に優秀だったことは間違いないです。ただ、それについて伝えていくというのは、どうなんでしょうねぇ……。

矢作　私はできていることが問題なんじゃなくて、天皇がそれを止められたことに意味があるってことなのですね。

並木　もちろん、わかります。そういう事実すら知らない人もいっぱいいますので。ただ言えるのは、原爆を開発した理化学研究所の人々は優秀なのですね、とても。

矢作　全体の流れの中でそれをどういうふうに作っていくかってグランドデザインが欠けていました。日米戦をどう戦うか、どう治めるかがビジョンになかったですから。原爆にしたところで昭和19年にはすでに制海権も制空権も失い、ハワイに落とすことは実際にかなわなかったでしょう。

並木　そうですよね。

矢作　アメリカは半世紀も前から日本をどういうふうに叩き潰すかって、当時の海軍次官になったセオドア・ルーズベルトの命令で始まったオレンジ計画で具体的に対日戦を研究していた。そこは勝負にならないのだけど。だから原爆の所だけ取り出しても意味がないってことですよね。

並木　そうです、そこだけをクローズアップしてしまうと、おかしなことになってしまいます。

●日本人のお役目

矢作　『失われた日本人と人類の記憶』という対談本で我々が「日本が特別だ」と言いました。それに対する書評で、分離の意識を感じるって人がいるのですね。その根拠、心情としては、何かが良くて、何かが劣っていると聞こえたらしいのです。私はそのコメントは本人がそう思っているから、そうみえたって思いますけど。

並木　もちろん、どんなシチュエーションでもそれは言えますよ。僕たちが感じるもの、体験することは、全て自分の中にあって、それを投影しているだけなんです。つまり、外ではなく内なんですね！　この普遍的な真実に立たない限り、僕たちは「本当」を理解することはできません。

矢作　優れている、優れていないじゃなくて、役割り分担っていうふうに捉えているから。

並木　さきほどの先生の言葉を借りれば、人間の身体の部分で目が優れているけど、脳は優れていないってことはないですよね？　もっと言うと、手は優れているけど足は優れていないなんてことはないでしょう？　ってことです。

矢作　我々の理想の世界は、この理性を持ちながら縄文時代の大調和を実現することだと思うのですね。

並木　そうですね。そして、これを言うと、逆に誤解されてしまうかもしれませんが、神界にも、ある種のヒエラルキーというのがあるんですけど、神界のトップに立つということは、３次元社会のヒエラルキーとはまったく違うんですね。

例えば、大日如来がいます。その他にも明王や菩薩など、様々な呼び名で呼ばれる存在がいますが、全て大日如来の現れである、という考え方なのです。衆生の者に、より良く理解してもらうために、例えば、卑しい姿に身を落とし、この世界に近いところで教えを説くため、不動明王が降りて来られたと言われています。でも、この不動明王も大日如来の違う側面の現れなんですよね。何を言いたいのかというと、これは役割りの違いであって、決して大日如来が上で不動明王が下なのではないのです。大切なのは、いかにこれを理解するか、なんですよね。

矢作　ヒエラルキーって色がついてるからそこから類推すると間違ってしまうけれど、単純に言うとお釈迦様が「人をみて法を説け」って言った時と同じで、真理を相手にあわせてどう見せたかってことなのですよね、仏教でいう本地垂迹説《ほんちすいじゃくせつ》。

並木　まさにそうです。そこがなかなか理解できず、自分の観念で見てしまうと、上と下とに分けているとか、感じ方が偏ってしまうこともありますね。皆、独自の考え方や見方がありますから、すべての人に理解してもらうのは難しいでしょう。仮に完璧っていう出し方をしたとしても、理解しない人は、しませんから。

矢作　そういうものだと理解しておけばいいですね。

並木　我々はできるかぎり、わかりやすいようにお伝えする、という工夫をするのみですね。言葉には制限や限界がありますので、難しいことではありますが……。

●不安や恐怖を払拭した集合意識になれば、真実はみえる

矢作　朝日新聞の人と話しをした時に、「日本が昔悪いことをしたから、悪い国でいなさい」っていう思考があって、だから中国や韓国に謝らなければいけない。だから「日本はいい」って書くと「おかしい」ってきちゃう。

並木　それは表面的な見方、あるいは刷り込みという洗脳によるジャッジに他なら

ないですよね。

矢作　そうですね。良い、悪いじゃなくて、その当時、なぜそうだったかを理解して今に活かすことが重要ですね。その当時を後付けでジャッジしても全く無意味ですよね。極論すれば、20年後、30年後の国民から見れば、今の私たちは「世界の趨《すう》勢《せい》が見えなくて、金で魂を売ったり、雰囲気で動いてしまったりして、なんてバカな国民だったんだろう」っていうのが、いっぱいあるわけですよね。

並木　それは大いにあるでしょう。ミクロの物の見方しかできず、マクロが視界に入らない……これは馬鹿というより、勿体ないんですよね……その視点が人生を、引いては社会を作っていくわけですから。

矢作　ジャッジではなく、当時生きていた……もっと言えば、この近現代約1世紀半の中で、仕組まれた中で生きてきたので。日本がどういう立場でどうなったのか、だから今でもある意味で似てるけど、じゃあ、どうしましょうって話にならないといけないので。そこはまったく捉え方を変えないといけないないですね。

善悪じゃなくて、その愚かなところも含めて人間ですから。率直に私はそういう難しい理屈抜きにして、ただ単にそこのエネルギーとしてしか見てないですね。個人として感じる中華人民共和国の人と、中華人民共和国って言葉が出す独特の重いのと、分けて考えていますよ。やっぱり、韓国も北朝鮮もそうなのですけど、集合意識は闇ですよね、一言で言って。個人は輝いている人もきっといるのだけど。

並木　もちろん、もちろん、本当に沢山いらっしゃいますよね！

矢作　不思議なことに集合意識になったとたん、真っ黒けになる。

並木　そうなのです。そこから如何に抜けていくかってことなんですよね。もちろん僕たち日本人にも集合意識は存在し、ネガティブな囚われから抜けていく必要性がありますよね。つまり、どの国にも大なり小なり、課題があるということです。

矢作　なんとか善悪ってくびきから離れて。極端に言えば、自分が今こうやって生きているのが幸せっていう気持ちを全員が持てば、また変わっちゃう世の中になるじゃないですか。

並木　本当にそうですよね。変化するときは、一瞬にして変わります。本来の変化というものは、指を鳴らすように簡単でスピーディーなものなのです。

矢作　一瞬ですよね。まさに空海が言った即身成仏《そくしんじょうぶつ》ですよね。

並木　本当に、そこに尽きます。今回の本は、そういう意味で、すごく大事なメッセージになると思います。先程もお話したように出し方、表現の仕方の工夫は必要ですが、僕は少し厳しく受け取られるような内容でも、今という時期にお伝えすること自体は良いと思います。

誰もが冷静になって俯瞰《ふかん》してみればわかることなのに、恐怖に取り巻かれていると、盲目的になにも見えなくなってしまいます。こういう催眠状態から一瞬でもハッと目を醒ますきっかけになれば、この本を出版する意味がありますよね。

いつもお話していることですが、「1人が変わることって、とてもとても大きなこと」なんですよ。僕たちは極端に言うと嘘に塗り固められて来てしまったので、嘘から脱却することができなければ、真実の自己に戻ることなんてできないわけです。

つまり、違う角度からの目醒めですよね。だからこそ、僕は協力させていただいてるんですね。

結局、僕がお話していることって、行き着く先は同じなのです。ただそれを違う角度から、折に触れて、お話させていただいているだけなのです。歴史的に、あるいは世間一般には、こう言われているから……という受け止め方ではなく、一回冷静になって真実に向き合ってみようという意識を持ってみませんか？　という呼びかけなのですね！　そうすると、あれ……その解釈を取り入れないと矛盾する……おかしい……など、あれ、あれ!?　という瞬間が目醒めのきっかけになったりするんですよね。

矢作　なぜ？　のところを、最初にはっきり見せておかないと。オタクになっては困りますね。

並木　もちろんです。ただ、やみくもにやれば良いのではなく、やはり明確な意図を持って、表現の仕方など、工夫することは大切ですよね。大切なのは、知識ではなく「気づき」ですから。

矢作 昭和20年の3月10日（火）は、最大の東京大空襲の日です。亡くなった10万人以上の御霊に謹んでご冥福をお祈り申し上げます。そして3月10日、日本の1日遅れで月曜日を迎える世界の金融の中心であるニューヨークとロンドンはその活動を始動する日です。日銀が支えていた日経平均株価は実力を曝されてさらに下落することになるでしょう。

さて、今回の新型コロナウイルス・ショックの行方ですが、中共政府を倒そうとしていたアメリカ政府の目論見からそれて、パンデミックになり、世界経済が恐慌状態になってしまいました。3月12日（現地時間で11日21時）にトランプ大統領が給与税の免除・中小企業の支援などの積極策を打ち出しました。これは米国の本気度をみせました。

トランプ大統領は、復活祭（今年は四月十二日）頃にも何らかの動きをするものと思われます。金融政策と薬にからむ発表、とでさらなるダメージ回復の手の内を見せて、経済回復に向かうことと思われます。3月11日に、「生物兵器開発に転用可能な装置を中華人民共和国向けに不正輸出」したと外為法違反の疑いで横浜の企業の社長が逮捕されました。このようなふつう公安マターの事件が表ざたになったのはアメリカのCIAが絡んだからだと思われます。米中戦争たけなわのこの時期に、アメリカはこのように様々な局面から、日本に日米同盟の相対国としてアメリカと一蓮托生なのを忘れるな、ということを見せつけてきました。私たちはアメリカのメッセージをしっかり受け止めざるを得ないのです。

なお、日時はわかりませんが希望的にはアメリカの建国記念日（7月4日）あたりに、アメリカ国内の最大手の製薬会社からの「ワクチンができた」という発表により、コロナ感染による世界の不安は収束に向かうのではないかと思われます。やはり、現在公表されている治療薬だけではなく、予防可能なワクチンの効力は世界の人々の不安を払拭することになるのではないでしょうか。それまで、欧米のような対決姿勢や引き籠りではなく、私たちはもっと洗練された発想と智恵でもって、日本人らしくお互いの信頼を大切にして、ふつうに生活して行けばよいかと思います。

並木さん、今日は本当にありがとうございました。

新型コロナウイルスへの霊性と統合

令和2年4月1日　初版発行
令和2年4月20日　第3刷発行

著者　並木良和　矢作直樹

発行人　蟹江幹彦

発行所　株式会社　青林堂
〒150-0002　東京都渋谷区渋谷3-7-6
電話　03-5468-7769

協力　アカオアルミ(株)　代表取締役会長　赤尾由美
(株)オフィス並木　代表取締役社長　菊田雄介
(株)宮澤産業　代表取締役　宮澤信一

装幀　TSTJ Inc.

印刷所　中央精版印刷株式会社

Printed in Japan

ISBN 978-4-7926-0676-3

ピラミッド封印解除・超覚醒
明かされる秘密

松久正

ピラミッドは単なる墓などではなかった‼　88次元存在であるドクタードルフィンによる人類史上8回目の挑戦で初めて実現させたピラミッド開き！

定価1881円（税抜）

神ドクター　Doctor of God

松久正

至高神・大宇宙大和神（金白龍王）が本書に舞い降りた！　神々を覚醒・修正するドクタードルフィンが、人類と地球のDNAを書き換える！

定価1700円（税抜）

僕が神様に愛されることを
厭わなくなったワケ

保江邦夫

なぜこの僕に、ここまで愛をお与えになるのかイエス・キリストからハトホル神、吉備真備、安倍晴明まで次々と現われては、お願い事を託されてしまった！

定価1400円（税抜）

日本の女神たちの言霊

大野百合子

神道学博士　小野善一郎先生推薦！【付録】本書登場の女神様のカードが1枚、ランダムついています。

定価1800円（税抜）